AF236554

Mein anderes Leben

Hans-Joachim Hein

Mein anderes Leben

Gedichte

Bibliografische Information der Deutschen Nationalbibliothek:
Die Deutsche Nationalbibliothek verzeichnet diese Publikation in der Deutschen
Nationalbibliografie; detaillierte bibliografische Daten sind im Internet über dnb.dnb.
de abrufbar.

© 2022 Hans-Joachim Hein
Satz, Umschlaggestaltung, Herstellung und Verlag:
BoD – Books on Demand, Norderstedt
ISBN 978-3-7562-6159-8

Inhalt

Liebe und Emotionen

Ein Rat

Liebe stets der Liebe willen,
nicht mich, nur meinetwegen.
Meinen Körper kann man killen.
Im Nichts wird er schnell verschwinden,
schon lange vor dem Ende meiner Zeit.
Drum liebe stets der Liebe willen,
dann liebst du fort in die Unendlichkeit.

Platonische Liebe

Du bist nie fort, Geliebte mein,
magst du wandeln, an welchem Ort es immer sei.
Im Geiste nur, so wie es scheint, sind wir vereint.
Der Sehnsucht Geist die Blüten treibt,
so prächtig und so farbenreich.
Vernunft und Fantasie sind gleich ein Paar,
das durch den Äther eilt.
Die Zeit steht still, der Raum stürzt ein,
oh, halt mich fest, Geliebte mein.

Erinnerung

Du Einzige, von der ich immer träumte,
wo bist du?
Du Fantastische, die meine Wege säumte,
wo bist du?
Du Liebreizende, der ich mein Herz räumte,
wo bist du?
Du Zauberhafte, die die Seele schäumte,
wo bist du?

Wo seid ihr geblieben?
Gestalten meiner Fantasie, die mich bewegte,
in der ich lebte, fern von der Wirklichkeit.
Nun gehen sie alle durch mein Herz.
Ein Gruß, ein Knicks und schon sind sie wieder fort.
Dort, nein dort, bleibt mir noch ein Rest aus glücklichen
Tagen,
der lässt das Leben mich ertragen.

Bitte

Sag nicht, es ginge dir zu schnell,
sag nicht vielleicht, eventuell.
Du magst wie ich Geborgenheit
und alles braucht wohl seine Zeit.
So viel du brauchst, ich geb sie dir,
doch treibe nicht dein Spiel mit mir.

Zufriedenheit bedeutet Harmonie von Wollen und Können.

Der Traum

In mir war finstre schwarze Nacht,
plötzlich warst du da,
ein Licht wie im Traum, leuchtende Augen,
ein Lächeln um den Mund, so sah ich dich.
Ich weiß nicht mehr die Stund',
dann hast so herzlich du gelacht,
ich wünscht, ich wär nie aufgewacht.
Tief in der Nacht hab ich gedacht
und bin aufgewacht, du hast gelacht.
Du glaubst es kaum: Es war ein Traum.

**Wir haben einen Stern am weiten Firmament, der hat
uns zwei so gern, weil ihn sonst niemand kennt!**

Erinnerung an einen Traum (QN 1)

Es zog vorbei der Mond am Fenster,
riskiert auf mich den letzten Blick.
Nun kommen bald auch die Gespenster
und zeigen mir ein Gauklerstück.

„Du steigst heraus aus einem Spiegel, jung, gescheit, bezau-
bernd schön,
ich wollt dich fassen, an mich drücken, doch nur für einen
Augenblick,
dann hörte ich ein leises Klicken, der Vorhang fiel, aus war
das Stück."

Später doch, der Traum ging weiter, traf ich dich dann
irgendwo.

Froh und heiter voller Scham
nahmst du mich in deinen Arm.
Wir gingen fort.
Was dann geschah,
und was ich alles noch entdeckte,
sei hier so kurz nicht mehr beschrieben.
Die Sonne wars, die mich dann weckte,
wir hatten es weiter noch getrieben (psst).

**Es war eine Hoffnung und dann noch ein Wort,
die Gewissheit kam, nahm die Hoffnung fort.**

Die gerührte Seele

Du hast in meiner Seele gerührt mit einem großen Löffel.
Du hast sie fast gänzlich zerstört,
das Unterste nach oben gekehrt.
Sie ist mir fremd, ich finde mich nicht mehr.
Du hast sie umgerührt wie eine Suppe.
Du wohnst darin schon Wochen,
und doch:
Du hast umgerührt meine kleine Seele,
sie gibt nun keine Ruhe mehr,
und ich, ich kann nichts tun.
Drum bitt' ich dich, lass doch den Löffel ruh'n!

**Es drängt der Sinn, doch fehlt das Wort, dir hier zu sagen,
was meine Liebe möchte immerfort, zu dir tragen!**

Frühlingsliebe

Wie einst im lauen Frühling,
die Blüte der Sonne zugewandt,
hat meine Seele sich dir aufgetan,
als das Herz in Liebe ist entbrannt.

Bekenntnis

Er sehnte sich so sehr danach, geliebt zu werden,
und wollte all seine Liebe geben,
doch im Inneren spürte er, weder zu dem einen
noch zu dem anderen fähig zu sein.
Das war die eigentliche Tragik seines Lebens.
Wenn aber die Traurigkeit zur Depression mutierte,
war es höchste Zeit, zu schreiben, die Seele zu entschlacken!

Vergänglichkeit

Die Freude vergeht so schnell wie der Tau in der Sonne.
Geh in dich, wenn deine Seele mit dir sprechen möchte.
Er war dann so entspannt, dass ihm schien, er sei körperlos.
Nur seine Augen waren in den Weiten des Himmels ent-
rückt,
zwischen den vielen kleinen Wölkchen,
die in der untergehenden Sonne alle Farben und Formen
in stetigem Wechsel anzunehmen schienen.

**Eine reizvolle Mischung zwischen Erbauung
und apokalyptischen Angstgefühlen.**

Dauerhafte Liebe

Ich kann sie gar nicht zählen,
all die vielen zärtlichen Stunden,
die ich dir ganz treulich angehangen.
Den Anfang hatte ich gefunden,
ans Ende werde ich nie gelangen.

Was ich hab, will ich dir gerne geben,
dass die Liebe hält ein ganzes Leben.

Autor im Alter von fünf Jahren

Natur und Umwelt

Der Hund

Ich hatte einen schönen Hund,
ein selten liebes Tier.
Er hieß einfach Kunterbunt.
Ich wünschte mir, er wäre hier.
Ich genoss sein treues Wesen,
seiner Augen fragend Blick,
als wollt er meine Stimme lesen,
Wort für Wort und Stück für Stück.
Hätte er mich nur verstanden,
er wäre ganz gewiss noch hier,
doch dort, wo kein Geist vorhanden,
nutzt auch keine Wissensgier.

Auch eine Freundschaft (QN 2)

Ich habe eine Spinne, die lebt auf dem Balkon,
oben in der Ecke unter der Decke.
Sie ist schon recht schön fett.
Das kommt vom Fliegenspeck.

Ich habe eine Spinne,
die lebt auf dem Balkon,
abends, so wie heute,
macht im Netz sie Beute.

Ich habe eine Spinne,
die lebt auf dem Balkon,
wenn es nun kälter wird,
bin ich ihr einz'ger Wirt.

Meine kleine Spinne
lebte auf dem Balkon,
weil es aber Winter ist,
stahl sie sich davon.

Vielleicht im nächsten Jahr,
bleibt mir ihr Nachwuchs treu,
dann ist sie wieder da,
erfreuet mich aufs neu.

Dann spinnen wir zusammen
den ganzen Sommer lang,
sie fängt fette Bissen,
ich weiß nicht, was ich fang.

Winter

Der Schnee, gleich einem weißen Tuch,
deckt das Grau des Alltags zu.
Die Sonne strahlt im hellen Glanz
und lässt der Trübsal keine Chance.

Der Spatz

Auf der Stange sitzt ein Spatz,
ein süßer Fratz,
und ratzfatz flog er fort
an einen anderen Ort.
Von dort zwitschert er sein Lied:
„Ich hab dich lieb."

Es drängt der Sinn, doch fehlt das Wort,
dir hier zu sagen,
was meine Liebe immerfort
möchte zu dir tragen.

Versuche

Es fällt ein Stein auf mich herab.
Ich geh einen Schritt daneben,
na eben!
Ich sehe den Stein vom Himmel fallen
und fang gleich an, zu beben,
na eben!
So vieles will ich dir erzählen,
kann doch vor Hemmungen nicht reden,
na eben!

Schutz der Lieben

Es gibt viele Lieben,
schütze sie vor Dieben,
die sind flink und
kommen geschwind.

Das Wetter

Die Sonne steigt am Horizont jetzt auf.
Sie strahlt so voller Glück und Leben
der schwarzen Regenfront entgegen,
als wollt sie freundlich bremsen ihren Lauf.

Doch bald verzerren Wolken ihr Gesicht.
Die ersten Regentropfen fallen,
gewalt'ge Donnerschläge schallen,
der Wind spielt mit des Wassers hohe Gischt.

Sei still, behalte deine Zuversicht,
dem Donnern, Krachen, Tosen, Rauschen
lasst uns jetzt fantasievoll lauschen,
und hören, was der Himmel zu uns spricht.

So plötzlich, wie es kam, ist es vorbei.
Der Himmel hat sich ausgesprochen,
und die Natur, ganz ungebrochen,
tut, was sie immer tat, ganz frisch und frei!

Der Lindenbaum

Es säuseln die Blätter in der Linde im Winde,
sie schauen über das Haus
weit in das Land hinaus.
Ob Donner, Sturm oder Regen,
sie werden sich länger bewegen,
als mein Aug' sie je zu schauen vermag.

Schwere Gedanken

Es ist so schön, die Sonne scheint, die Wolken sind verzogen,
der Himmel hat sich ausgeweint und Gott scheint mir gewogen.
Vor Wonne trunken schreit ich aus, den Tag voll zu genießen,
vielleicht ist es schon morgen aus
und ich muss die Augen schließen.

**Kennst du den Weg, den du morgen gehst?
Weißt du schon die Stunde, die dir schlägt?**

Die Flucht

Sieh hinter dir die Wolken stehen,
du fliehst von ihnen fort,
lass sie nun endlich weiterziehen
von Ort zu Ort.
Sie kommen an in irgendwo,
vielleicht doch auch bei dir.
Sie kamen her von nirgendwo,
ich wünscht, sie wärn von mir.
Dann hätt ich sie beladen,
und als großer weißer Kahn
würden sie zu dir tragen
all mein Lieb und all mein Gram.

Sommertag

Guten Tag, du liebe Sonne,
schön, dass du uns wieder scheinst,
gibst du uns auch keine Wonne,
machst doch, dass die Hoffnung keimt.
Bringst so viel Wärme ins Gemüt
und erfreuest Feld und Flur,
damit die Freude mit uns zieht,
sei es auch für heute nur.

Pegasus

Ich habe deinen Schrei vernommen,
und über dem Wald grüßen die Schwingen.
Du bist sogar herabgekommen,
mir liebe Botschaft zu bringen.
Mit Fantasien will ich dich beladen.
Sie sind ganz herzlich, weit und wandelbar,
schweben durch den Raum und werden begnaden
den, der sie fühlt, und machen die Seele klar.

Gedanken

Dort hinten der Berg,
dort oben der Mond,
der Wächter der Sterne,
die herunterfallen, wenn er es nicht sieht,
Sternschnuppen.
Ein Wunsch, ein Traum,
die Wirklichkeit erreicht uns kaum.
Die Biologie macht uns zu schaffen,
wir werden alt, merkst du es auch?

Der Sinn

Du gabst mir das Leben, gib ihm auch einen Sinn.
Du gabst mir mein Leben, jetzt werf ich es hin.
Du kannst mich erheben, doch mehr ist nicht drin.
Ich stehe am Fenster, schau in die Ferne,
ich sehe die Sterne
und werde ganz klein, bis ich als Supernova krepiere.
Ein kurzer Blitz, dann rieselt es sacht.
Mit dem Staubtuch werd ich weggemacht.

Die Rose

Da steht eine Rose,
die sticht mir in die Hose.
Was sie wohl suchen mag?
Ob ich sie mal frag` ?

Das ich` Dir nur sage,
jede Stunde alle Tage
wird es Dir zur Plage
dann jage den Geist davon.

Autor im Alter von siebenunddreißig Jahren

Philosophie und Gesellschaft

Die Uhr

Es tickt die Uhr,
die Zeiger nur
schalten auf stur
und bleiben stehn.
Nun muss die Zeit alleine gehen.

**Das Gewissen ist der Ballast, den man braucht,
um einen festen Stand zu haben.**

Burn-out

Im Kopfe braut sich was zusammen,
dann gab es noch eine Explosion
und die Gedanken flogen davon.
Kaum ein Engel, der sie ihm wieder fing.
In der feurigen Asche verbrannte der Rest,
und das ist ein ausgebranntes Leben!

**Es kamen ihm so viele Gedanken, die alle gedacht
sein wollten.
Darum war er gern allein,
doch die Einsamkeit hat er stets gefürchtet.**

Im Kopf

Es muss da einer gewesen sein in meinem kleinen Kopfe,
der kehrte das ganze Stübchen rein, was ich durchaus nicht
mochte.
Und mich dann dazu brachte,
dass ich auch nichts mehr dachte.

Das Denken

Es lag da ein Gedanke in meinem wüsten Hirn,
ich trat ihm in die Flanke, da wollte er schon flieh'n.
Ich fing ihn behutsam ein und setzte noch einen drauf.
Jetzt sausen sie zusammen durch meinen Lebenslauf.
Inzwischen sind es viele, ich zähl sie gar nicht mehr.
Sie spielen nun ihre Spiele mit mir, nicht immer fair.
Meine Ruhe ist nun dahin, die Zeit wird niemals lang.
Das ist meines Lebens Sinn, drum sag ich Gott sei Dank.

Bettele nicht beim lieben Gott, sondern bedanke dich bei ihm.

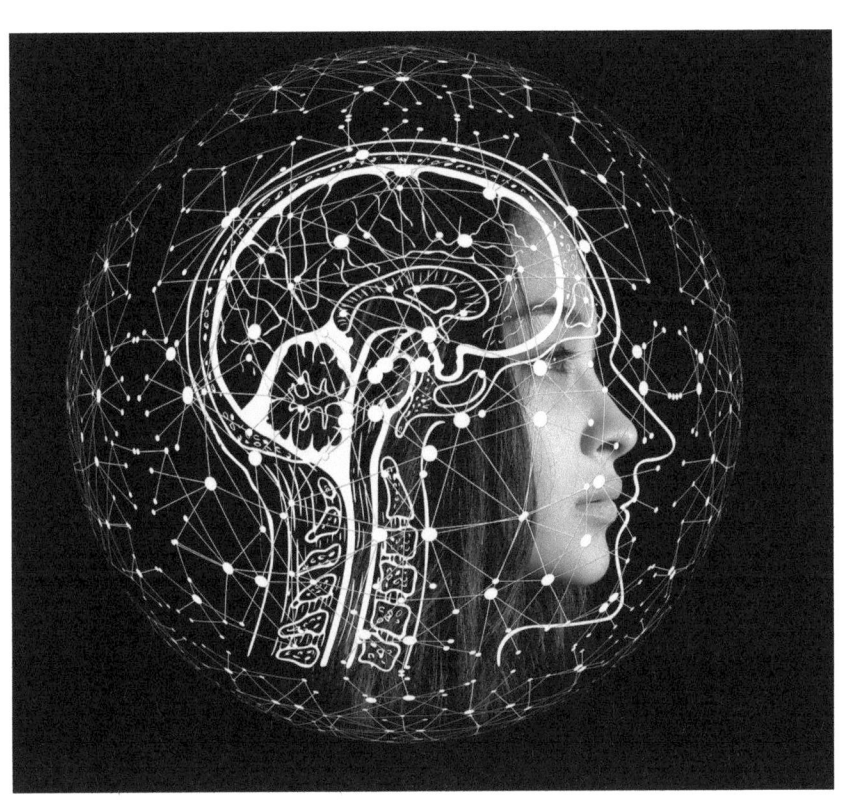

Die gefallende Rede

Einst spuckte ich eine Rede gegen die glatte Wand.
Sie tropfte auf die Erde, auf der man sie verstand.

Wechselspiel

Du denkst deines Weges dahin,
in dir die Seele ruft, hüpft und schreit.
Sie sitzt tief irgendwo darin.
Doch endlich ist es so weit,
sie läuft dir fort, holt die Gedanken ein.

Die Religion ist eine sehr effiziente Lebenshilfe.

Nachgedacht

Es gibt so viele Menschen, doch es ist keiner da.
Es gibt so viele Schmerzen, doch keiner nimmt sie wahr.
Es gibt so viele Leiden, doch alle sehen weg.
Es gibt auch manche Freuden, die stopfen manches Leck.
Es gibt so viel Gedanken über unsere Welt,
doch zu viele schwanken, trachten nach dem Geld.

**Das Leben ist immer ein Kampf, vom ersten Schrei bis
zum letzten Atemzug.**

Schlechter Vortrag

Ganz langsam schlägt mein müdes Herz.
Es lauscht das Ohr der Rede trägen Fluss.
Mein Nachbar gönnt uns einen Scherz,
mein Körper denkt, dass er jetzt schlafen muss.
Die harte Zeit scheint nun zu Ende,
es rumort das Auditorium.
Der Redner senkt jetzt beide Hände,
als wollt er sagen, nun sei es drum,
ob uns was fehlt, wer weiß das schon.

Das Bild

Ein Bild kann manches zeigen, doch alles nicht.
Es kann auch viel verschweigen, doch alles nicht.
Also kommt es immer darauf an,
wie man ein Bild betrachten kann.

Das Telefon

Ich höre deine Stimme so gern, am Telefon.
Ruf doch mal an, ich geh auch ran, ans Telefon.
Ich mag dich sehr und hör gern mehr, am Telefon.
Wie es dir so geht, wird es auch spät, am Telefon.

Der Automat

Im Kopf hast du den Computer
und in der Brust den Stein.
Im Bauch einen Regulator,
der stellt dir alles ein.

Der Tag

Jeden Tag, was ich mag, ich dir sag, und dann trag ich zu dir.
Jeden Tag, Schlag auf Schlag, bis es karg vor mir lag nur von dir.
Jeden Tag war es stark, selten arg, niemals fad stets bei dir!

Das Licht

Ich sehe dich nicht!
Die Sonne hat das Licht mitgenommen. Was nun?
Sie sollte es nicht tun.
Doch ein wenig haben wir ihr gestohlen,
es reicht nicht weit,
darum haben wir Laternen aufgestellt,
und so wird manches von Interesse ausgeleuchtet,
ans Licht gebracht.

Beim Arzt

Die Luft ist dumpf,
die Leute stumpf,
blicken sie herum
im Warteraum beim Arzt.
Sie sprechen leis', sie flüstern fast.
Die Influenza macht hier Rast.
Gar mancher kommt,
kaum einer wird gerufen.
Sie stehen fast schon auf den Stufen.

Zufriedenheit ist ein notwendiger Schritt zum Glück!

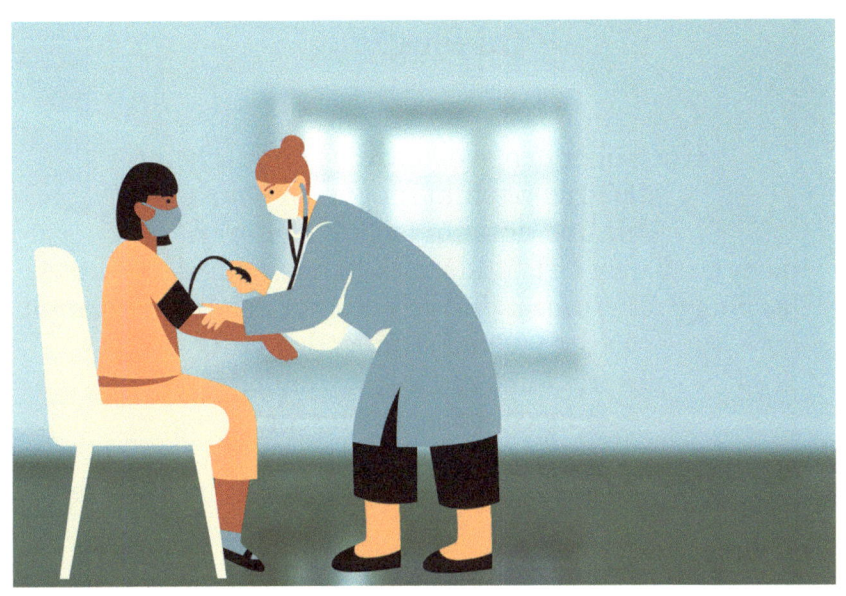

Im Flugzeug

Hoch über den Wolken, die Sonne scheint,
die Erde versinkt im grauen Dunst,
hie und dort ein Lichtlein glimmt
in der fassbaren Tiefe und unfassbaren Weite des Raumes.
Das Fluggerät brummt und sein Rumpf zittert und stampft
in der wütend strömenden Luft.
Es trägt uns noch, wie wunderbar.
Doch wünscht ich sehr,
dass es schon unten wär.

Auch ein Kreislauf

Im düsteren Auge keine Träne,
sie fließen nach innen in die Seele.
Du denkst deines Weges dahin,
in dir die Seele hüpft, ruft und schreit.
Sie sitzt tief irgendwo da drin.
Endlich ist es so weit,
sie läuft dir fort, holt die Gedanken ein,
kommt zurück, fängt wieder an zu schrein.

**Wie ein Gespensterchen kamst du still zu mir
geschlichen.
Es war, als wär der Sommerwind über mein Gesicht
gestrichen.**

Ein Ratschlag

Sei still, mein Kind, spare deine Kraft.
Wirst sie brauchen für ein langes Leben,
üb beizeiten den Gebrauch der Macht,
doch stets nach dem Guten sollst du streben.

**Glück ist ein emotionales Maß menschlicher
Konventionen und Vorstellungen.**

An die Jugend

Du hast stets so viele Fragen
und bist doch noch so klein.
Wirst du nach vielen Tausend Tagen
immer noch so sein?
Die Zeit verändert dir oft dein ganzes Leben,
vergiss nicht, auch anderen von dir zu geben.

Die Tränen

Du hörst die Tropfen
meiner Tränen nicht?
Gott, bei meiner Seel`
sie sind so leise
wie null Dezibel"

Autor im Alter von zweiundachzig Jahren

Am Ende

Es neigt mein Leben sich dem Ende.
Von Zeit zu Zeit schaut auch Freund Hein
schon mal zu meinem Fenster rein,
dann heb zum Gruß ich beide Hände.

So vergeht der Ruhm der Welt

Quellennachweis

1. Nationalbibliothek des Deutschsprachigen Gedichtes
Ausgewählte Werke IV, Realis Verlag GmbH, Münschen 2001, S. 938

2. 1. Nationalbibliothek des Deutschsprachigen Gedichtes
Ausgewählte Werke IV, Realis Verlag GmbH, Münschen 2003, S. 116

3. Bilder und Illustrationen entnommen aus (https://pixabay.com/de/)

4. Private Fotos